Leseschule
Fibel 2

Leselernbuch 2 · Ausgabe E

erarbeitet von
Simone Erhart, Marianne Franz,
Dorothea Korn, Claudia Kößmeier,
Lutz Laufer und Silvia Regelein

illustriert von
Caroline Petersen und Sandra Reckers

Oldenbourg

Inhaltsverzeichnis

★ Zusatzaufgabe

A wie Anfang

1. Welche Buchstaben sind in den Bildern versteckt?

Lesen macht Spaß

Kunibert, das Krokodil,
liest sehr schnell und auch sehr viel.

Balduin, der Biber,
mag Märchenbücher lieber.

Leonard, der Leguan,
schaut sich Bilderbücher an.

Adalbert, der Auerhahn,
guckt sich lieber Comics an.

Anne und Paul Maar

1. Welche Bücher magst du?
2. Wo liest du am liebsten?

Freunde überall auf der Welt

Freunde

amis

amigos

friends

朋友

Arkadaşlar

ДРУЗЬЯ

Οιφίλοι

amici

1. Vergleiche die Buchstaben und Schriftzeichen.

★ 2. Sammle Wörter aus Sprachen, die du kennst.

FREUNDE

Freunde

Freunde

Freunde

FREUNDE

Alle Kinder lernen lesen und schreiben

Chinesische Kinder lernen in der Schule zuerst einfache Zeichen.

日	月	明
Sonne	Mond	hell

Die Zeichen werden in 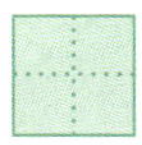 geschrieben. Deshalb haben die Schulhefte keine Linien.

Noch mehr chinesische Schriftzeichen:

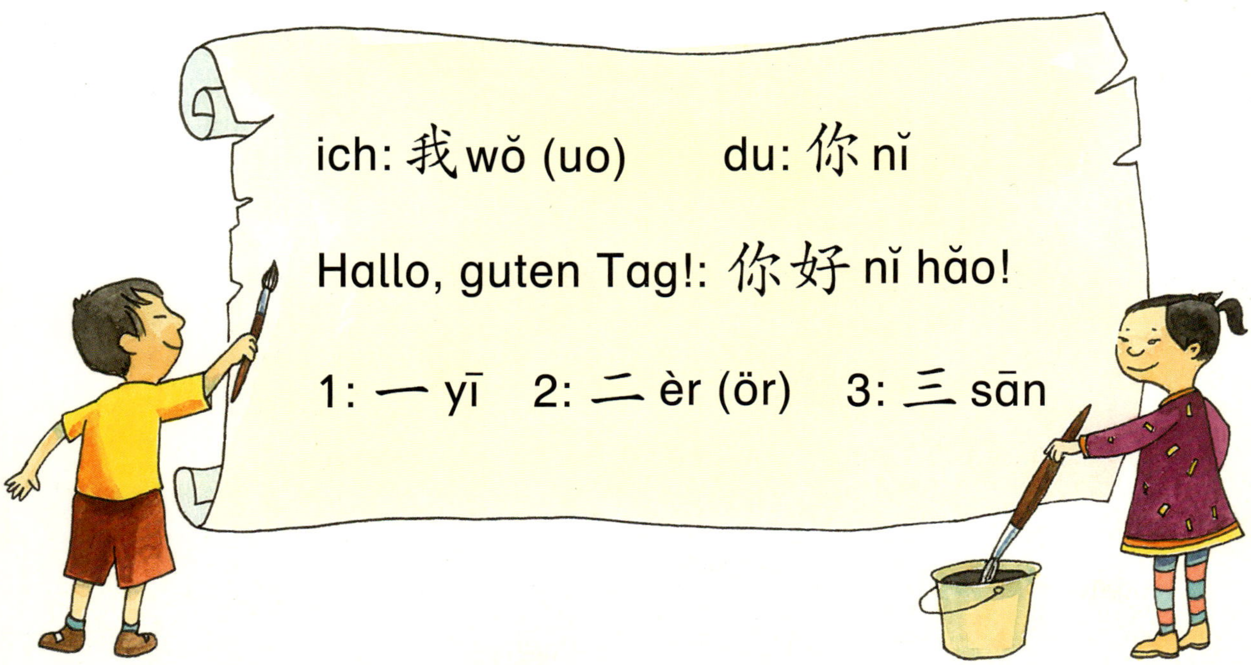

Du schaffst das, Ole!

An einem sonnigen Tag
nahm der kleine Otter Ole
Stift und Papier und machte
eine Liste mit Dingen,
die er schon konnte.

Und eine Liste mit Dingen,
die er noch nicht konnte.

Die Das-kann-ich-Liste
war viel länger als die andere.

Da stand …

… vorwärtsrollen …

… rückwärtsrollen …

… nett zu Fröschen sein …

… durch den Matsch schlittern …

… besonders schöne
Sandburgen bauen …

… und über glitschige Steine hüpfen.

Die Das-kann-ich-nicht-Liste
war viel kürzer.

Da stand nur …

… schwimmen.

Amber Stewart

Ich kann …

Ich übe …

Ich spiele …

Ich lerne …

Ich kann krabbeln …

Ich kann krabbeln und …

Keine Angst vor gar nichts

Gustav hatte eigentlich
vor gar nichts Angst.

Er schaffte es,
den Zahnarzt nicht in die Hand zu beißen,
wenn der mit dem Bohrer kam.

Es gab da nur ein Problem:
Kaum sah er einen Hund,
nahm er Reißaus.

Herr Schnuff hatte eigentlich
vor gar nichts Angst.

Er brach jedes Mal in Gekläffe aus,
wenn sich Briefträger und Einbrecher
der Wohnungstür näherten.

Es gab da nur ein Problem:
Kaum sah er einen kleinen Jungen,
nahm er Reißaus.

1. Wann hast du Angst?
Wann bist du mutig?

Gudrun Likar

Räuberkinder

Das sind zwei Räuberkinder.
Sie sind wirklich
sehr, sehr böse!
Das sieht man schon daran,
wie sie sich waschen.

Und guck mal,
wie die frühstücken!
Und die spielen auch
so komisch zusammen!

Räuberkinder basteln
seltsame Sachen.
Um ihre Haustiere kümmern
sie sich nur manchmal …

… und sie reden nicht
mit anderen Leuten.

Wenn sie einkaufen gehen,
sind die Straßen menschenleer.
Nie würden sie etwas
miteinander teilen.

Aber wenn's mal
so richtig drauf ankommt,
dann halten sie zusammen,
die Räuberkinder.

1. Räuberkinder stellen
viel zusammen an.
Was willst du mit
deinen Freunden erleben?

Antje Damm

Schreimutter

Heute Morgen hat
meine Mutter so geschrien,
dass ich auseinandergeflogen bin.

Mein Kopf flog ins Weltall.
Mein Körper flog ins Meer.
Mein Schnabel landete in den Bergen.

Mein Po verschwand in der Stadt.
Meine Füße blieben stehen,
aber dann rannten sie und rannten.

Ich wollte suchen,
aber die Augen
waren im Weltall.

Ich wollte flattern,
aber die Flügel
waren im Dschungel.

Da hat Schreimutter alles eingesammelt
und zusammengenäht.

Nur die Füße haben noch gefehlt.
„Entschuldigung“, sagte Schreimutter.

Jutta Bauer

Schreimutter ist auch
Streichel mutter, Vorlese mutter,
Kuschel mutter, Beschützer mutter,
______ mutter, …

spielen
trösten
lachen

Fußball in aller Welt

Überall auf der Welt spielen Kinder Fußball.
Viele Kinder müssen sich ihren Fußball
erst selbst basteln, bevor sie spielen können.
Dazu benutzen sie Dinge, die nichts kosten und
die sie leicht bekommen können. Das sind Blätter,
Stoffreste, alte Socken und Plastiktüten.

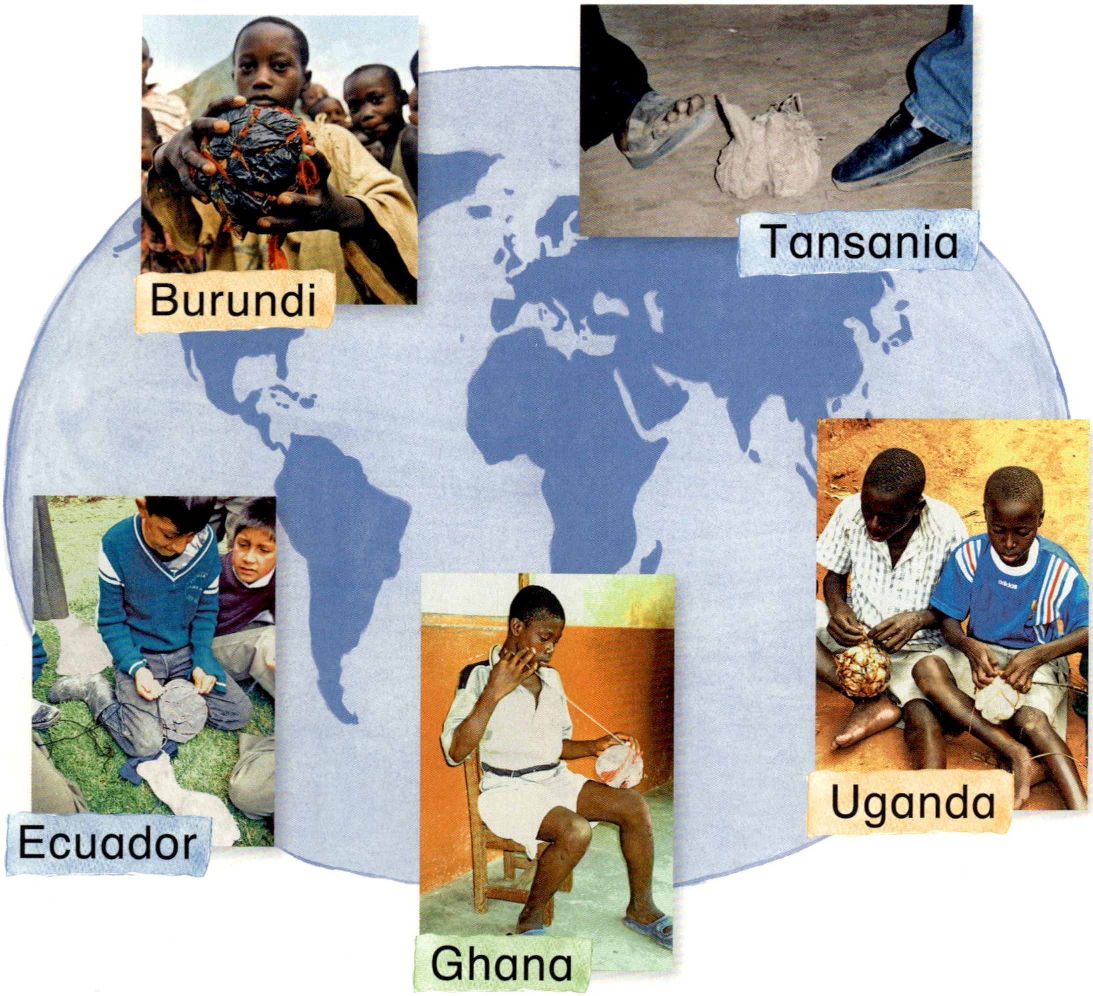

1. Woraus würdest du dir einen Fußball machen?

Einen Fußball selber basteln

Du brauchst:

- ein paar alte Plastiktüten
- ein paar Bogen Zeitungspapier
- ein langes Stück feste Schnur

So geht es:

1. Knülle das Zeitungspapier zu einer Kugel.

2. Umwickle die Kugel kreuz und quer mit der Schnur.

3. Lege nun die Plastiktüten um die Papierkugel.

4. Umwickle auch die Tüten mit der Schnur.

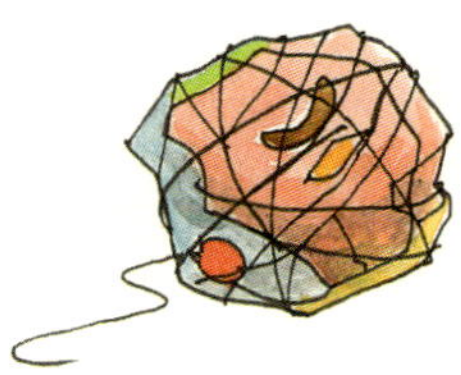

5. Umwickle den Ball so lange mit Plastiktüten und Schnur, bis er die richtige Größe hat und schön rund ist.

6. Binde den Ball zum Schluss mit viel Schnur fest zusammen.

Hannes lässt die Fetzen fliegen

Hannes klingelt Sturm.
Er muss Mama
dringend etwas erzählen.
Etwas ganz Tolles.
Etwas Einmaliges.
Ein Zirkus kommt!

Hannes hat drei Plakate gesehen.
Ein richtiger Zirkus
war noch nie hier!
Mama öffnet die Tür.
„Pssst! Anna-Sofie schläft!
Was machst du denn für einen Lärm?"

Mamas Stimme
klingt so ärgerlich,
dass Hannes schnell
eine Ausrede erfindet.
„Ich muss mal", sagt er
und verschwindet im Bad.
Dort schließt er die Tür ab
und setzt sich auf den Klodeckel.

Anna-Sofie!
Immer und immer Anna-Sofie!
Für Mama gibt es nichts anderes mehr!
Hannes wird ihr kein Wort
vom Zirkus erzählen.
Er wird mit Papa sprechen.

Papa ist gestern für seine Firma
nach Berlin gefahren.
Morgen Abend kommt er zurück.
Dann wird Hannes ihn
von der Bahn abholen
und unterwegs wird er ihm
die Plakate zeigen.

Mit Papa kann er reden.
Aber mit Mama?
Die hat keine Zeit mehr
für Hannes!
Vor vier Wochen
wurde Anna-Sofie geboren.
Seitdem ist Mama
nicht mehr dieselbe.

Von Kopf bis Fuß

Ich bin ein Affe
und schwinge mit den Armen.
Kannst du das auch?

Das kann
ich auch!

Das kann
ich auch!

Ich bin eine Katze
und mache einen Buckel.
Kannst du das auch?

Das kann
ich auch!

Ich bin ein Gorilla
und klopf mir auf die Brust.
Kannst du das auch?

Das kann
ich auch!

Ich bin ein Kamel
und beuge meine Knie.
Kannst du das auch?

Eric Carle

Rezept für einen Tee-Punsch

Trinken ist gesund.
Ein Getränk, das überall auf der Welt getrunken wird, ist Tee. Fatma trinkt gerne den Tee-Punsch Rote Sonne.

Du brauchst:

- 1 Liter Orangensaft
- Topf mit 1 Liter Wasser
- 2 Beutel Früchtetee
- Teekanne
- Zitrone

1. Bring das Wasser zum Kochen.
2. Lass die Teebeutel 5 Minuten im heißen Wasser ziehen.
3. Nimm die Teebeutel heraus und lass den Früchtetee abkühlen.
4. Mische den Orangensaft und den Früchtetee.

Wenn du möchtest, kannst du den Tee-Punsch mit Zitrone verfeinern.

Wortgrenzen erkennen

TEEKANNETEESIEBTEETASSETEEBEUTEL
PFEFFERMINZTEEFRÜCHTETEESCHWARZTEE
KRÄUTERTEEKAMILLENTEEAPFELTEEEISTEE

Meine Füße sind der Rollstuhl

Margit hat den Supermarkt erreicht.
Sie will gerade nach einem Netz
mit Äpfeln greifen, da wird es ihr
schon gegeben.

Margit lässt die Äpfel wütend
in den Rollstuhl fallen.

„Ich möchte meine Äpfel
selbst nehmen wie alle
anderen auch!“, ruft sie.

Versteckt zwischen Keksregalen
sitzt Margit und weint.

„Sei nicht traurig“,
sagt plötzlich jemand.
Es ist Sigi.

„Die Leute tun so, als wäre ich
der ungeschickteste, blödeste und
hilfloseste Mensch,
dem sie jemals begegnet sind!“

„Das macht der Rollstuhl“, meint Sigi.
„Aber das ist doch nichts Besonderes!“, ruft Margit.
„Seit meiner Geburt bin ich gelähmt.
Meine Füße sind der Rollstuhl.
Trotzdem bin ich doch
wie alle anderen Kinder auch!“

Franz-Joseph Huainigg

Tiger ist krank

Einmal kam der kleine Tiger
aus dem Wald gehumpelt,
konnte nicht mehr gehen,
nicht mehr stehen und fiel um.

„Wo tut es dir denn weh?“,
fragte der kleine Bär. „Zeig mal!“

„Hier“, sagte der kleine Tiger
und zeigte zuerst auf die Pfote.
„Und dann hier die andere Pfote.
An den Beinen auch
und vorn und hinten
und rechts und links
und oben und unten.“

„Überall?“,
fragte der kleine Bär.
„Dann muss ich dich tragen.“
Und er trug ihn nach Haus.

„Du musst mich aber verbinden“, rief der kleine Tiger.
„Jawohl, ganz klar“, sagte der kleine Bär.
Als der kleine Tiger verbunden war,
ging es ihm schon ein wenig besser.

1. Was überlegt sich der Bär, damit es dem kleinen Tiger wieder ganz gut geht? Erzähle.

★ 2. Was hilft dir, wenn du krank bist?
Male oder schreibe.

Janosch

Heute und alle Tage bei Tiger und Bär

Tiger und Bär sind Freunde.
Sie machen alles zusammen.
Sie haben großen Hunger.
Deshalb gehen sie in die Küche.
Bär holt den Topf.
Sie kochen Tomatensoße
und Nudeln.
Dann essen sie alles auf.

1. Zu welchem Bild gehört diese Geschichte?
2. Wähle ein Bild aus und schreibe eine eigene Geschichte.

Was für ein Tag

Jeden Morgen schlug Michael die Augen auf
und fragte: „Was für ein Tag ist heute?"
Denn es gab einen schrecklichen Tag in der Woche.
Den Dienstag.

Jeden Dienstag wurden Michael die Haare gewaschen.
Er war drei Jahre alt und
er hatte Angst vor dem Haarewaschen.
Vielleicht, weil ihm das Wasser in die Augen kam.

Uri Orlev

1. Warum ist für Michael
der Dienstag ein schrecklicher Tag?

2. Was ist dein schrecklicher Tag?
Schreibe oder male.

Abendlied

Ich zieh mich aus,
ich wasche mich
und schlüpfe in mein Nachthemd rein.
Ich nehme Anlauf,
springe hoch
und plumpse in mein Bett hinein.

Du kommst noch mal,
gibst mir ’nen Kuss,
sagst: „Gute Nacht, mein Vögelein!“

Ich deck mich zu,
ich strecke mich
und dreh mich um und schlafe ein.
Gleich hab ich einen schönen Traum
und der gehört mir ganz allein.

Paul Maar

1. Wie sieht dein Abend aus?
Schreibe oder male.

Ganz leise

Nachts, wenn es ganz leise ist
und keiner die Ruhe stört,
hört man all die leisen Dinge,
welche man am Tag nie hört.

Es tropft der Wasserhahn im Bad,
im Kühlschrank klirrt ein Einmachglas,
die kleine Schwester spricht im Schlaf
und draußen streicht der Wind durchs Gras.

Paul Maar

1. Was hörst du,
wenn du im Bett liegst?
Schreibe oder male.

Wortspielerei

Ich bin im Garten.

Ich kann nicht fortlaufen.

Mein Fuß steckt unter der Kiste.

Der Fuß tut mir weh.

Es ist kaum auszuhalten.

Ich kann nicht aus dem Schuh heraus.

Die Zehen sind festgeklemmt.

Ich kann mir allein nicht helfen.

Die Kiste ist zu schwer.

Man sollte die Kiste heben.

Ich brauche ein Werkzeug.

Das Werkzeug ist im Haus.

1. Lies rechts herum oder links herum.
Du kannst beginnen, wo du willst.

Hans Manz

Auf der Mauer, auf der Lauer

Auf der Mauer, auf der Lauer sitzt 'ne kleine Wanze.
Seht euch nur die Wanze an, wie die Wanze tanzen kann!
Auf der Mauer, auf der Lauer sitzt 'ne kleine Wanze.

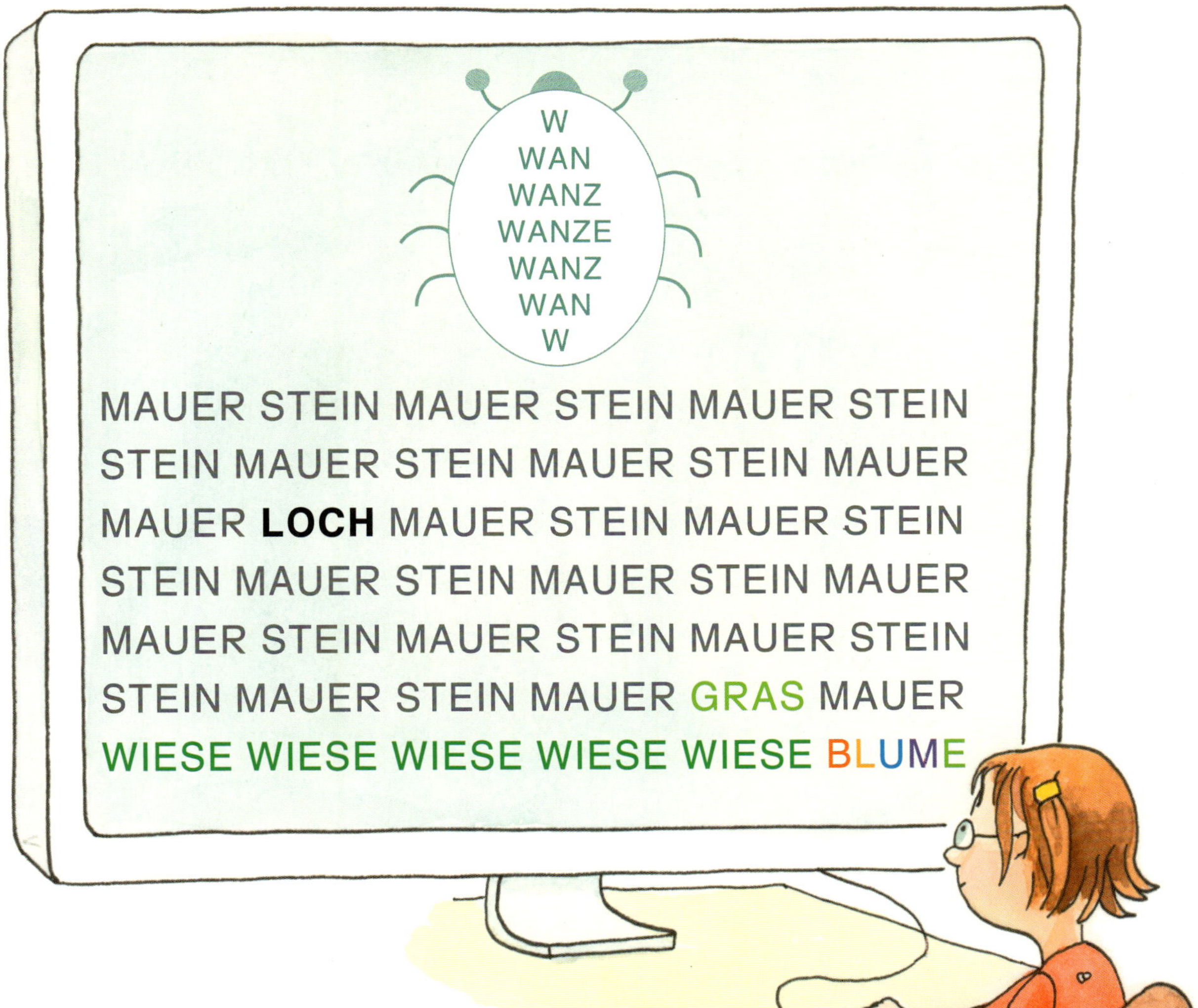

1. *Auf dem Baum hinter dem Zaun sitzt 'ne kleine Amsel ...*

   Denke dir weitere Wortbilder aus und gestalte sie am Computer.

Ganz, ganz langsam, sagte das Faultier

Ganz,
ganz
langsam kletterte ein Faultier
den Ast eines Baumes entlang.

Ganz, ganz langsam aß das Faultier ein Blatt.
Ganz, ganz langsam schlief das Faultier ein.
Ganz, ganz langsam wachte das Faultier auf.

Den ganzen Tag lang hing das Faultier
kopfüber in dem Baum.

„Warum bist du so langsam?“,
fragte der Brüllaffe eines Tages.

„Warum bist du so still?“,
fragte der Kaiman.

„Warum bist du so langweilig?“,
fragte der Ameisenbär.

Fragesätze bilden

Pfeilgift-Frosch

Fledermaus

Warum bist du so …?

lahm

ruhig

faul

„Sag mal“, fragte der Jaguar,
„warum bist du so faul?“

Das Faultier dachte und dachte
und dachte ganz, ganz lange nach.

Endlich antwortete das Faultier:
„Ich bin ruhig und sanft.
Ich bin ganz entspannt und
ziemlich häufig schläfrig.
Ich liebe halt ein friedliches Leben.
Doch faul – das bin ich nicht!“

Dann gähnte das Faultier und sagte:
„So bin ich eben,
ich mache eben
alles gern
ganz,
    ganz
        langsam.“

Eric Carle

müde

schläfrig

träge

Nasenbär

Gürteltier

Herr Klee und der rote Punkt

Heute regnet es und Jim hat auf gar nichts Lust.
„Komm, wir gehen ins Museum“,
schlägt Mama vor.
Überall hängen Bilder.
„Die hat alle Herr Klee gemalt“,
sagt Mama.

Klee. Witziger Name, denkt Jim,
während er das erste Bild ansieht.
In der Mitte ist eine große Sonne.
„Hier bin ich eine große Sonne.
Aber ich kann mich in alles Mögliche
verwandeln“, sagt der rote Punkt.

„Ein Ballon!“, ruft Jim.
Der rote Punkt nickt.
„So sehe ich aus,
wenn ich mich aufpuste.“

Der Ballon fliegt bis über das Meer.
Wohin die Schiffe wohl fahren?
„Na, da lang!“, ruft Jim.
„Guck doch, der Pfeil!“

Sie kommen an einen riesigen Berg,
hinter dem gerade die Sonne aufgeht.
Hinter der Tür ist ein langer Weg
aus funkelnden Kieselsteinen.

Dort. Ein rosarotes Dorf
in einem rosaroten Garten.
Und die Rosen singen!
Ein echter Zaubergarten …

Mmmmmmmmmmmmmmmmmmmmmmmmh..........

Sie kommen an einen Teich.
Ein großer Goldfisch leuchtet
hell im dunklen Wasser.

GROARRRRRR

macht es plötzlich. „Was war das?“,
fragt der rote Punkt erschrocken.

Der fliegende Hut

Es stürmt.
Manuel und Didi beobachten, wie der Wind Papierfetzen und Blätter vom Vorjahr durch die Luft wirbelt.

Plötzlich kommt ein großer Hut dahergeflogen. „Schau!“, ruft Manuel, „den hol ich mir!“
Manuel jagt dem Hut nach.
Der Hut kullert über die Wiese.
Manuel rennt, so schnell er kann.

Manuel hat den Hut erwischt.
Und er hat auch gleich eine Idee! Er befestigt zwei große Blätter und einen Ast am Hut.

Dann tragen Manuel und Didi den Flugzeughut an den Rand eines Felsenabgrundes.
Sie setzen sich hinein und warten.

Mit dem nächsten starken Windstoß werden die beiden davongetragen. Hoch hinein in den Himmel geht es!

Erwin Moser

1. Erzähle die Geschichte mit eigenen Worten nach.
Die Bilder auf der linken Seite helfen dir.

2. Die Geschichte kann noch weitergehen.
Erzähle.

★ **3.** Schreibe die Geschichte auf.

Im Fischernetz

Im Fischernetz, im Fischernetz,
da zappeln fünfzehn Flundern.
Sie flutschen und rutschen
und wuseln und suseln
und glitschen und flitschen,
und als der Fischer sie packen will,
da halten die flutschigen Flundern nicht still.

Sie flutschen und rutschen
und wuseln und suseln
und glitschen und flitschen
und flutschen rasant –
dem Fischermann
aus seiner Hand!

KNISTER

Ohne Stimme sprechen

flutschen
rutschen

wuseln
suseln

glitschen
flitschen

Experiment: Das magische Glas

Du brauchst:
- ein Glas mit Wasser
- eine Postkarte

Fülle das Glas randvoll mit Wasser.
Auch der Rand muss feucht sein.

Drücke die Postkarte auf das Glas und drehe das Glas dabei schnell um – am besten über dem Waschbecken oder im Freien.

Jetzt nimm die Hand weg.
Was passiert?

Was passiert, sobald du eine kleine Ecke der Karte anhebst?

Foxtrott

Foxtrott wurde tief
unter der Erde geboren,
dort wo die Welt
am stillsten ist.
Es gab kein Radio
und kein Telefon
und im Fernsehen
schaute Vater nur Stummfilme.

Eines Tages krabbelte Foxtrott
aus dem Kinderwagen,
spähte durch die Haustür
und war erstaunt,
wie laut es draußen zuging.

Sie hörte es zirpen, quaken,
schnattern, krähen.
Alles durcheinander.
Es brummte und summte,
laut und leise,
es muhte und bimmelte,
zart und schräg.

Zu Hause versuchte sie, es nachzumachen.
Alles auf einmal.
Ihre Eltern wurden fuchsteufelsböse
über den Krach und waren besorgt.
Denn lärmende Füchse fangen nichts
für den Kochtopf.

Bald war die Speisekammer leer und der Magen knurrte wütend. Am Weihnachtsabend sagte Vater Fuchs nur ein einziges Wort: „Hühnerstall!“ Sie verpassten Foxtrott einen Maulkorb und so wurde es ein erfolgreicher Überfall.

Plötzlich stand der Oberförster vor ihnen. Zitternd vor Kälte und Angst erwarteten sie den Tod.

Da befreite sich Foxtrott von ihrem Maulkorb und begann zu singen, zart und schön wie die Nachtigall. Der Oberförster lauschte und war so ergriffen von ihrer Stimme, dass er ihnen das Leben schenkte.

Die wundersame Rettung sprach sich herum. Alle kamen mit Geschenken, nur um Foxtrott zuzuhören. Über Nacht wurde Foxtrott ein Star und Mutter und Vater waren sehr stolz auf ihre laute Tochter.

Helme Heine

Fragen zum Text beantworten

- Wo wurde Foxtrott geboren?
- Was gab es nicht unter der Erde?
- Wer stand plötzlich vor der Familie?
- Auf wen waren Mutter und Vater stolz?

Rotkäppchen

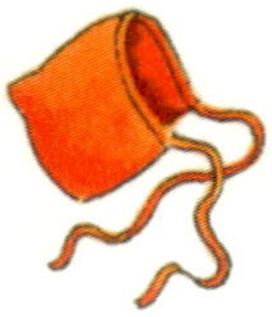

Es war einmal ein kleines Mädchen,
das wurde von allen Rotkäppchen genannt.
Denn es trug immer ein rotes Käppchen.

Eines Tages war die Großmutter krank.
„Komm, Rotkäppchen“, sagte die Mutter,
„bring der Großmutter Kuchen und Wein.
Aber lauf nicht vom Weg ab.“

Auf dem Weg durch den Wald
tauchte plötzlich der Wolf auf.
„Guten Tag, Rotkäppchen!“, sagte er.
„Wo willst du denn hin?“
„Zu meiner Großmutter. Ich will ihr
Kuchen und Wein bringen.“

„Willst du ihr nicht noch einen Blumenstrauß schenken?“,
fragte der Wolf. Da lief Rotkäppchen auf die Wiese und
pflückte die schönsten Blumen. Der Wolf aber lief schnell
zum Haus der Großmutter und klopfte an die Tür.

„Komm nur herein, Rotkäppchen!“, rief die Großmutter.
Da sprang der Wolf in die Stube und verschlang
die Großmutter. Dann setzte er sich ihre Haube auf
und legte sich ins Bett. Nach einer Weile kam Rotkäppchen.
Es wunderte sich über die offene Tür.
Und wie merkwürdig die Großmutter aussah!

„Großmutter, warum hast du so große Ohren?“

„Damit ich dich besser hören kann.“

„Großmutter, warum hast du so große Augen?“

„Damit ich dich besser sehen kann.“

„Großmutter, warum hast du so einen großen Mund?“

„Damit ich dich besser fressen kann!“

Der Wolf sprang auf und verschlang das Rotkäppchen.

Der Jäger hörte ein lautes Schnarchen. Wie er staunte, als er den Wolf im Bett sah! Ob er die Großmutter verschluckt hatte? Der Jäger schnitt dem Wolf den Bauch auf.

Und wer kam heraus? Rotkäppchen und die Großmutter! Jetzt füllte der Jäger den Bauch des Wolfs mit Steinen und nähte ihn wieder zu.

Als der Wolf aufwachte, wollte er fortspringen. Aber die Steine waren so schwer, dass er zu Boden plumpste und tot liegen blieb.

Rosemarie Künzler-Behncke
nach den Brüdern Grimm

1. Lest mit verteilten Rollen. Überlegt:
Wer spricht hier? Wie viele Vorleser braucht ihr?
Wer will welche Rolle lesen?

Wendelins Werkstatt

Wendelin war Erfinder.
Er erfand den lieben langen Tag,
von früh bis spät.
Zum Aufräumen kam er nie.
Und so wurde es in Wendelins
Werkstatt immer unordentlicher.
Bis Wendelin erkannte, dass er Hilfe brauchte.

Und so erfand Wendelin einen Roboter.
„Ich werde dich Plonk nennen“, sagte Wendelin.
Und schon räumte Plonk Wendelins Werkstatt auf.

Er machte das Bett … … und legte die Kleider zusammen.

Er räumte die Teetassen in die Sockenschublade
und stellte die Regenschirme in den Wäschekorb.
„So geht das nicht“, sagte Wendelin.

Und so schickte er seinen Roboter
die Abfallrutsche hinunter.
Er landete direkt
auf dem großen Schrotthaufen.

Drinnen im Haus tüftelte Wendelin
inzwischen an einem neuen Roboter.
Die ganze Nacht lang,
bis in die frühen Morgenstunden.

Steckbrief

Name: ____

Farbe: ____

Aufgabe: ____

1. Schau dir Wendelins neue Erfindung genau an und beschreibe.

2. Erfinde einen Namen für den Roboter. Überlege, welche Aufgabe er hat.

★ 3. Was könnte Wendelin noch erfinden? Male oder schreibe.

Chris Riddell

Marienkäfer

Finn, Lea, Silas und Tina sind Experten für Marienkäfer.

Finn und Lea berichten:

„Es gibt viele verschiedene
Arten von Marienkäfern.
Sehr bekannt ist der Siebenpunkt.
Er hat sieben schwarze Punkte,
drei auf jeder roten Flügeldecke.
Ein Punkt sitzt auf beiden
Flügeldecken.
Die harten Flügeldecken
schützen die zarten Flügel."

Tina und Silas erzählen, was Marienkäfer fressen:

„Der Marienkäfer ist
ein Raubkäfer.
Seine Lieblingsspeise
sind Blattläuse.
Jeden Tag frisst er
bis zu 200 Blattläuse.
Dabei ist er doch selbst
nur 6 bis 8 Millimeter groß."

Fragen zum Text beantworten

- Welche Art von Marienkäfer ist besonders bekannt?
- Was ist die Lieblingsspeise der Marienkäfer?
- Wie viele Blattläuse frisst ein Marienkäfer jeden Tag?
- Wie groß ist ein Marienkäfer?

Die Experten-Gruppe erklärt,
wie sich ein Marienkäfer entwickelt:

1 Im Frühjahr paaren sich die Marienkäfer.
2 Kleine Larven schlüpfen aus den Eiern.
3 Die Larve wächst schnell und hat viel Hunger.
4 Die Larve verwandelt sich in eine Puppe und sucht sich unter einem Blatt einen sicheren Platz.
5 Nach nur drei bis vier Wochen schlüpft der Marienkäfer. Die leere Hülle bleibt auf dem Blatt zurück.
6 Der Marienkäfer lässt seine Flügel trocknen.

1. Wie entsteht ein Marienkäfer? Suche zu jedem Bild den passenden Satz aus dem Text und schreibe auf.

★ 2. Wie kommen Marienkäfer über den Winter? Informiere dich.

Wir schützen die Natur – hier und überall

Damit unsere Natur schön bleibt,
ist es wichtig, auf sie zu achten.
Dies ist eine Aufgabe
hier und überall auf der Welt.

Kinder aus drei Schulen
in Europa haben überlegt,
wie sie die Natur und
Umwelt schützen können.

Wir schützen die Umwelt.
Deshalb laufen wir zur Schule.

We protect our environment,
therefore we walk to school.

Nous protégeons l'environnement,
donc nous allons à l'école à pied.

Vergiss nicht, das Licht auszuschalten!

Don't forget to turn off the light!

N'oublie pas d'éteindre la lumière!

Vergiss nicht, das Wasser abzustellen, wenn du deine Zähne putzt!

Don‘t forget to turn off the water while brushing your teeth!

Ne laisse pas couler l‘eau pendant tu te brosses les dents!

Wusstest du das schon?

Jeder von uns braucht täglich über 100 Liter Wasser.
Hier siehst du, wofür wir einen Teil des Wassers benötigen.

5 Liter
zum Trinken
und Kochen

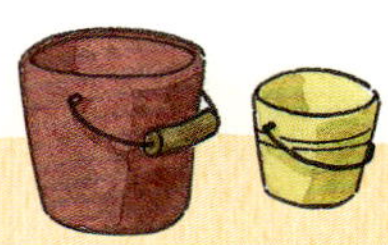

15 Liter
zum Wäschewaschen

35 Liter
für die Toilette

45 Liter
zum Baden und Duschen

1. Sammelt Beispiele, wie ihr Natur und Umwelt schützen könnt.
2. Gestaltet zu euren Ideen ein Plakat.

Winter

Es schneit, hurra, es schneit!
Schneeflocken weit und breit!
Ein lustiges Gewimmel
kommt aus dem grauen Himmel.

Und nach der langen Reise,
da setzen sie sich leise
aufs Dach und auf die Straße
und frech dir auf die Nase.

Herbst

Bunt sind schon die Wälder,
gelb die Stoppelfelder,
und der Herbst beginnt.

Rote Blätter fallen,
graue Nebel wallen,
kühler weht der Wind.

Johann Gaudenz von Salis-Seewis

Frühling

Hase träumt von grünen Feldern.
Zwerge flüstern in den Wäldern.

Igel, der so lange schlief,
schickt mir einen Liebesbrief.

Winter flüchtet um die Ecke.
Frühling hockt schon in der Hecke.

Anne Steinwart

Sommer

Wenn Bäume an den Kirschen reifen
und Gärten in den Vögeln pfeifen,
wenn Hosen kurze Männer tragen
und Mücken über Menschen klagen,
wenn Blumen zu den Bienen fliegen
und Wiesen auf den Kühen liegen,
dann weißt du bestimmt,
die Sommerzeit beginnt.

Stern über Bethlehem

Stern über Bethlehem, zeig uns den Weg,
führ uns zur Krippe hin, zeig, wo sie steht,
leuchte du uns voran, bis wir dort sind.
Stern über Bethlehem, führ uns zum Kind.

Stern über Bethlehem, nun bleibst du stehn
und lässt uns alle das Wunder hier sehn,
das da geschehen, was niemand gedacht,
Stern über Bethlehem, in dieser Nacht.

Stern über Bethlehem, wir sind am Ziel,
denn dieser arme Stall birgt doch so viel.
Du hast uns hergeführt, wir danken dir.
Stern über Bethlehem, wir bleiben hier.

Alfred Hans Zoller

Unsere großen Feste

Ich heiße Tarek und bin Muslim.
Unser Ramadan-Fest dauert drei Tage.
Wir gehen mit unseren schönsten Kleidern in die Moschee.
Danach gibt es zum ersten Mal nach dem Fastenmonat Ramadan ein festliches Frühstück.
Wir beschenken uns und besuchen unsere Verwandten und Freunde.

Ich heiße Irina und komme aus Russland. An Silvester bringt uns Väterchen Frost die Geschenke.
Wir feiern Weihnachten erst am 6. und 7. Januar.

Ich heiße David und bin Jude.
Während der Adventszeit feiern wir auch ein Lichterfest.
Es heißt Chanukka.
Jeden Abend zünden wir an unserem Leuchter eine Kerze an, bis alle acht Kerzen brennen.

1. Wie feierst du Weihnachten?

Das schönste Ei der Welt

Es waren einmal drei Hühner:
Pünktchen, Latte und Feder.
Sie stritten sich, wer die Schönste
von ihnen sei.
„Wer das schönste Ei legt,
soll Prinzessin werden“, sagte der König.

Pünktchen fing als Erste an zu gackern.
Es dauerte nicht lange, da erhob sie sich.
Vor ihnen lag ein schneeweißes Hühnerei,
ohne jede Druckstelle.
„Vollkommener geht es nicht!“, rief der König.

Nach zehn Minuten erhob Latte sich erleichtert.
Der König klatschte vor Freude laut in die Hände:
„Größer geht es nicht“, rief der König.

Feder gackerte kaum. Dann stand sie auf.
Vor ihnen lag ein viereckiges Hühnerei,
von dem man in hundert Jahren noch erzählen wird.
„Fantastischer geht es nicht!“, rief der König.

Es war unmöglich zu sagen,
welches Ei das schönste war.
Auch der König wusste es nicht.
So kam es, dass alle drei
Prinzessin wurden:
Pünktchen, Latte und Feder.

Helme Heine

Im Schwimmbad

1 Wenn die Tiere …
Seht einmal, der Regenwurm
springt von dem Zehnmeterturm.

2 Wenn die Tiere …
Seht, die Krokodile
machen Wasserspiele.

3 Wenn die Tiere …
Seht einmal, die Katzen
liegen auf Matratzen.

4 Wenn die Tiere …
Seht einmal, die Kröte
spielt im Wasser Flöte.

Text und Melodie: Volker Rosin

Ein Gedicht vortragen

Ich träume mir ein Land

Ich träume mir ein Land,
da wachsen tausend Bäume,
da gibt es Blumen, Wiesen, Sand
und keine engen Räume.

Erika Krause-Gebauer

- Ich lese das Gedicht mehrmals leise.
- Ich schließe die Augen und stelle mir vor, worum es geht.

- Ich übe das Gedicht laut vorzulesen.
- Ich überlege, welche Wörter ich besonders betonen möchte.
- Dann trage ich das Gedicht in meiner Klasse vor.

Tipp:

Wenn ich das Gedicht auswendig lernen möchte, male ich mir kleine Bilder als Hilfe.

Eine Geschichte nacherzählen

- Ich lese das Märchen von Rotkäppchen und dem Wolf auf Seite 42/43 oder lasse mir das Märchen erzählen.
- Ich überlege: Wie kann ich mir die Geschichte gut merken?

- Ich erzähle die Geschichte im Erzählkreis.

Zu Bildern eine Geschichte erzählen

- Ich schaue mir die Bilder genau an.
- Ich überlege, was ich über die Bilder erzählen möchte.

- Ich erzähle meine Geschichte einem anderen Kind.
- Danach trage ich die Geschichte im Erzählkreis vor.
- Zum Schluss frage ich meine Zuhörer, wie ihnen die Geschichte gefallen hat.

Zu einem Bild schreiben

- Zuerst schaue ich mir das Bild genau an.

- Ich überlege: Was möchte ich zum Bild schreiben?

Tipp:

Ich schreibe Stichwörter auf.

- Dann schreibe ich Sätze zu meinen Stichwörtern.

In Schritten abschreiben

- Ich lese das Wort.

- Ich spreche das Wort in Silben.

- Ich achte
  auf schwierige Stellen.

- Ich decke das Wort ab.

- Ich schreibe das Wort
  und spreche leise mit.

- Ich überprüfe das Wort.

Blitzlesen üben

Manche Wörter kommen in Texten häufig vor.
Ich kann üben, Wörter schnell zu erkennen.

Ball Baum Biene Birne Birne Ball Baum Biene Birne Ball
Ball Biene Birne Baum Biene Birne Ball Biene Birne Ball
Ball Birne Biene Baum Ball Biene Birne Ball Biene Ball

- Ich lese die Wörter möglichst schnell.
- Ich zähle, wie oft die Wörter vorkommen.

- Ich lese die Wörter, so schnell ich kann.

Blitzlesen – Wörter mit einer Silbe:

Ei
vier
neu
Ball
Zahn
Kopf
weiß

Blitzlesen – Wörter mit zwei Silben:

spielen
Kinder
lernen
Schere
Garten
baden
Abend

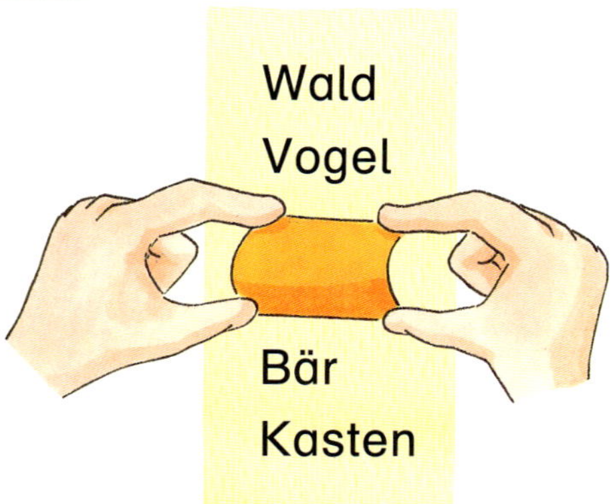

Tipp:
Eine Blitzlesekarte hilft mir.

Im Internet kann ich üben unter www.blitzlesen.de.

Genau lesen

Ein Schmetterling hat zwei Paar Schuhe Flügel.
Seine Flügel Engel haben bunte Schuppen.
Ein Schmetterling hat singen sechs Beine.
Ein Zwilling Schmetterling hat zwei Flügel.

- Erst lese ich alle Sätze. Jetzt weiß ich, worum es in dem Text geht.

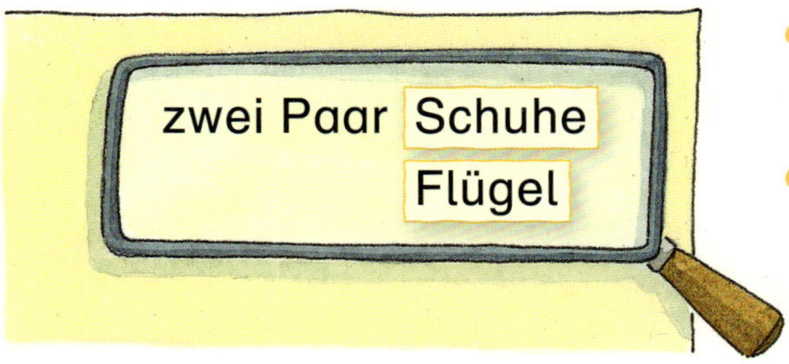

- Dann lese ich jedes Wort genau.
- Ich überlege: Kann das stimmen?

- Schwierige Wörter lese ich noch einmal.

Tipp:

Ich lese das Wort in Silben.

Lesen und verstehen

Käfer

Käfer sind Insekten. Sie haben einen harten Panzer.
Wie eine Rüstung schützt er die Käfer vor Feinden.
Käfer sind verwandt mit Schmetterlingen, Bienen und Fliegen.
Käfer fressen alles: Blätter, Obst, Holz, Getreide
oder kleine Insekten.

- Ich lese und mache nach einem Satz oder zwei Sätzen eine Pause. Ich denke nach.
- Wenn ich etwas nicht weiß, frage ich nach.

- Am Schluss prüfe ich, ob ich alles verstanden habe.

Ich erzähle den Text mit eigenen Worten nach.

Ich kann mir auch Fragen zum Text ausdenken.

Einen Lesevortrag üben

Versprechen

Ich renn mit dir
durch dünn und dick,
bis zum Nordpol
und zurück.

Machst du im Eismeer
plötzlich schlapp,
dann trage ich dich
huckepack.

Anne Steinwart

- Ich lese den Text mehrmals leise.
- Ich überlege:
  Habe ich verstanden,
  was ich gelesen habe?
- Jetzt lese ich mir selbst
  den Text laut vor.

- Dann lese ich den Text in meiner Klasse vor.
- Nach meinem Lesevortrag sagen mir meine Zuhörer:
  Habe ich flüssig gelesen?
  Habe ich laut und deutlich gelesen?
  Habe ich am Satzende
  eine Pause gemacht?

Quellenverzeichnis

S. 4 BuchstaBilder/Büro für illustres Gestalten, Frankfurt; **S. 5** Anne und Paul Maar: Lesen macht Spaß (gekürzt). Illustrationen von Verena Ballhaus. Aus: Mehr Affen als Giraffen, © Verlag Friedrich Oetinger, Hamburg 2009; **S. 8/9** Amber Stewart: Du schaffst das, Ole! (gekürzt). Illustrationen von Layn Marlow, übersetzt von Jutta Knollmann, © 2008 Coppenrath Verlag, Münster [Originalausgabe: Little by Little, © Oxford University Press, Oxford]; **S. 10/11** Gudrun Likar: Keine Angst vor gar nichts (gekürzt). Illustrationen von Manuela Olten. Tulipan Verlag, Berlin 2009; **S. 12/13** Antje Damm: Räuberkinder, © 2008 Gerstenberg Verlag, Hildesheim; **S. 14/15** Jutta Bauer: Schreimutter, © 2000 Beltz & Gelberg in der Verlagsgruppe Beltz, Weinheim & Basel; **S. 16** Fotos: Stiftung EIGENSINN, Freudenstadt; 2. o. l. Ursula Meissner; Illustration: Heike Herold, Köln; **S. 18/19** Anne Steinwart: Hannes lässt die Fetzen fliegen (gekürzt). Illustrationen von Silke Brix-Henker, © Arena Verlag, Würzburg 2002; **S. 20/21** Eric Carle: Von Kopf bis Fuß (gekürzt), Gerstenberg Verlag, Hildesheim, Deutsche Ausgabe © 1997; **S. 22/23** Franz-Joseph Huainigg: Meine Füße sind der Rollstuhl (gekürzt). Illustrationen von Verena Ballhaus. Annette Betz Verlag im Verlag Carl Ueberreuter, Wien 2003; **S. 24/25** Janosch: Tiger ist krank (gekürzt). Aus: Ich mach dich gesund, sagte der Bär, Beltz & Gelberg, Weinheim 2009 [Originalausgabe 1985], © Janosch film & medien AG, Berlin; **S. 26** Fotos: Lutz Laufer, Frankfurt; **S. 27** Uri Orlev: Was für ein Tag. Illustration von Jacky Gleich. Aus: Der haarige Dienstag, übersetzt von Mirjam Pressler, Beltz & Gelberg, Weinheim & Basel 2002; **S. 28/29** Paul Maar: Abendlied / Ganz leise. Aus: Jaguar und Neinguar, © Verlag Friedrich Oetinger, Hamburg 2007; Illustration von Rotraut Susanne Berner. Aus: Einfach Alles! Die Wort-Schatz-Kiste, © 2009 by Klett Kinderbuch, Leipzig; **S. 30** Hans Manz: Wortspielerei. Aus: Hans-Joachim Gelberg (Hrsg.): Überall und neben dir, © 1986, 2010 Beltz & Gelberg in der Verlagsgruppe Beltz, Weinheim & Basel; **S. 32/33** Eric Carle: Ganz, ganz langsam, sagte das Faultier (gekürzt), übersetzt von Edmund Jacoby, Deutsche Erstausgabe © 2002 Gerstenberg Verlag, Hildesheim; **S. 34/35** Christina Thomson: Herr Klee und der rote Punkt (gekürzt, z. T. verändert). Mit Bildern von Paul Klee und Illustrationen von Anneke Gerloff. Nikolai Verlag, Berlin 2008; **S. 34** Bilder: 1. akg-images/Erich Lessing; 2. ullstein bild/Granger Collection; 3. bpk/Nationalgalerie, SMB/Anders; **S. 35** Bilder: 1. ullstein bild/AISA; 2. Städtische Galerie im Lenbachhaus und Kunstbau München; 3. bpk/Hamburger Kunsthalle/E. Walford; **S. 36/37** Erwin Moser: Der fliegende Hut (gekürzt). Aus: Manuel & Didi. Das große Buch der kleinen Mäuseabenteuer, © 2002 Beltz & Gelberg in der Verlagsgruppe Beltz, Weinheim & Basel; **S. 37** Kinderzeichnungen: Franziska Staib, Karlsruhe; **S. 38** KNISTER: Im Fischernetz. Illustration von Silvio Neuendorf. Aus: Wo ist mein Schuh, fragt die Kuh: Geschichten und Spiele. Arena Verlag, Würzburg 2001; **S. 39** Ulrike Berger (Hrsg.): Die Experimente-Werkstatt – 50 verblüffende Versuche, © Christophorus Verlag GmbH & Co.KG/Freiburg; **S. 40/41** Helme Heine: Foxtrott (gekürzt), Carl Hanser Verlag, München 2003; **S. 42/43** Rosemarie Künzler-Behncke: Rotkäppchen. Illustrationen von Constanza Droop. Aus: Mein erster Märchenschatz, © 2010 Ravensburger Buchverlag Otto Maier GmbH, Ravensburg; **S. 44/45** Chris Riddell: Wendelins Werkstatt (gekürzt). Übersetzt von Paul Stewart, Sauerländer im Patmos Verlag, Düsseldorf 2008; **S. 47** Fotos: 1. blickwinkel/J. Meul; 2., 3., 5. © Biosphoto/T. Claudius; 4. naturbildportal.de; 6. © Biosphoto/G. Francois; **S. 48/49** Kinderzeichnungen: Lutz Laufer, Frankfurt; **S. 49** Daniela Dietz: Wusstest du das schon? Aus: Der Kinderbrockhaus. Was weißt du übers Wasser?, © 2010 wissenmedia GmbH, Gütersloh; **S. 51** Anne Steinwart: Es frühlingt (Frühling). Aus: Tausendfüßler lässt schön grüßen, Carlsen Verlag, Hamburg 1990; **S. 52** Text (gekürzt) und Melodie: Alfred Hans Zoller © Gustav Bosse Verlag, Kassel; **S. 54** Helme Heine: Das schönste Ei der Welt (gekürzt), © 2004 Beltz & Gelberg in der Verlagsgruppe Beltz, Weinheim & Basel; **S. 55** Text (gekürzt) und Melodie: Volker Rosin © Moon-Records-Verlag, Düsseldorf; **S. 56** Erika Krause-Gebauer: Ich träume mir ein Land (gekürzt). Aus: Hans-Joachim Gelberg (Hrsg.): Überall und neben dir, a. a. O.; **S. 57** Illustrationen von Janosch. Aus: Ich mach dich gesund, sagte der Bär, a. a. O.; **S. 58** Illustration von Erwin Moser. Aus: Joschi Tintenkatz, © 1993 Beltz & Gelberg in der Verlagsgruppe Beltz, Weinheim & Basel; **S. 61** 1. dieKleinert.de/Enno Kleinert; 2. Fotolia; **S. 63** Anne Steinwart: Versprechen. Aus: Reiner Engelmann (Hrsg.): 1. Klasse Wackelzahn, Verlag Sauerländer, Aarau u. Frankfurt 2000.

Trotz entsprechender Bemühungen ist es nicht in allen Fällen gelungen, den Rechteinhaber ausfindig zu machen. Gegen Nachweis der Rechte zahlt der Verlag für die Abdruckerlaubnis die gesetzlich geschuldete Vergütung.

Das Papier ist aus chlorfrei gebleichtem Zellstoff hergestellt, ist säurefrei und recyclingfähig.

1. Auflage 2011

Druck 15 14 13 12 11
Die letzte Zahl bezeichnet das Jahr des Drucks.

Alle Drucke dieser Auflage sind untereinander unverändert und im Unterricht nebeneinander verwendbar.

Umschlagkonzept: Mendell & Oberer, München
Umschlaggestaltung: Erasmi + Stein, München
Umschlagillustration: Daniela Kulot, Augsburg
Lektorat: Miriam Heymann, Stefanie Keller
Bildredaktion: Susanne Reinhardt
Herstellung: Angelika Brandtner
Layout und Satz: Erasmi + Stein, Stephanie Roderer, München
Druck: Firmengruppe APPL, aprinta druck, Wemding

ISBN 978-3-637-01190-8